QU Na Inteligência Artificial Potencializando Sucesso em Todas as Áreas da Vida

Dedicatória:

Aos meus amados filhos, Mario (Teik), Bruna, Victor e Bárbara, e à minha querida Sansa&Cia, que são a inspiração e o motivo de minha busca incessante pelo conhecimento. Vocês são minha força e motivação para compartilhar minhas ideias e experiências.

Ao meu marido José de Vasconcelos Filho, cuja colaboração e apoio foram fundamentais na criação deste livro. Sua dedicação e suporte inabaláveis são um presente precioso em minha vida.

Aos meus queridos netos, Davi, Vivi e João Gabriel, que representam a continuidade de nossas histórias e a esperança de um futuro brilhante. Que este livro possa inspirá-los a explorar suas paixões e a buscar a verdade em todas as coisas.

Aos meus genros, noras e amigos, Nikolas Bucvar, Eduardo, Jana e Jacque, que fortalecem nossa família com seu amor, apoio e contribuições valiosas. Agradeço por fazerem parte dessa jornada e por compartilharem suas perspectivas e experiências enriquecedoras.

Que esteja dedicado a todos vocês, minha amada família, com todo o meu amor e gratidão.

Katia Doria da Fonseca Vasconcelos

INTRODUÇÃO:

O sucesso humano é impulsionado pelo equilíbrio do QU (Quociente de Inteligência Universal Sincrônico), um conceito respaldado por pesquisas científicas e estudos de caso. Diversos estudos exploraram os aspectos do QU e seus efeitos em diferentes áreas da vida humana.

Um estudo conduzido por pesquisadores da Universidade de Stanford revelou a importância do desenvolvimento da resiliência e do controle emocional na obtenção de resultados positivos em carreiras e relacionamentos. Essa pesquisa demonstrou como a capacidade de lidar com adversidades e controlar as emoções contribui para a tomada de decisões acertadas e a construção de relacionamentos saudáveis e produtivos.

Clayton Christensen, renomado professor de Administração de Empresas em Harvard, destaca que a inovação disruptiva requer uma mudança de abordagem e a superação de paradigmas ultrapassados. Ele ressalta que o sucesso está em abraçar a mudança e adaptar-se rapidamente às novas circunstâncias.

Daniel Kahneman, psicólogo e economista ganhador do Prêmio Nobel, nos lembra que nossas decisões são influenciadas pela forma como vemos os problemas. Ao adotarmos uma perspectiva positiva e encararmos os desafios como oportunidades de aprendizado, podemos tomar decisões mais acertadas e alcançar resultados superiores. A teoria da inteligência emocional, desenvolvida por Daniel Goleman, também se alinha ao conceito do

QU, enfatizando a importância do equilíbrio emocional para o sucesso pessoal e profissional.

Howard Gardner, renomado psicólogo e professor da Harvard Graduate School of Education, destaca a importância de equilibrar e desenvolver todas as nossas inteligências. Ele nos encoraja a reprogramar nossa abordagem educacional, valorizando não apenas a inteligência lógico-matemática, mas também a inteligência emocional, musical, espacial e outras, permitindo-nos explorar todo o nosso potencial.

Esses grandes nomes, juntamente com outros defensores do pensamento inovador, reforçam a importância de adotar uma nova perspectiva diante dos problemas. Ao equilibrarmos nossos potenciais por meio da visão 360, resiliência, adaptabilidade, sincronicidade e controle emocional, estaremos preparados para enfrentar os desafios com confiança, criatividade e eficácia. Essa abordagem também se relaciona com outras teorias e conceitos relevantes, como a teoria do crescimento de Carol Dweck, que destaca a importância de uma mentalidade de crescimento na busca pelo sucesso.

Neste livro, exploraremos de forma abrangente os princípios do QU e como eles se relacionam com diferentes áreas da vida humana. Analisaremos pesquisas científicas, estudos de caso inspiradores e teorias relevantes para fornecer uma visão ampla e fundamentada sobre o equilíbrio do QU e seu impacto no sucesso pessoal e profissional.

Ao longo dos capítulos, examinaremos o conceito do QU em conjunto com a Inteligência Artificial (IA) e como essa poderosa parceria pode potencializar o sucesso em todas as áreas da vida.

No primeiro capítulo, vamos explorar em detalhes o conceito do QU e seu papel fundamental no equilíbrio e desenvolvimento humano. Veremos como o QU se baseia em pesquisas científicas e estudos de caso que comprovam sua relevância na busca pelo sucesso. O QU nos permite compreender e equilibrar nossos potenciais, incluindo a visão 360, adaptabilidade, resiliência, sincronicidade e controle emocional.

Em seguida, mergulharemos no fascinante mundo da Inteligência

Artificial, conhecendo seus fundamentos e aplicações. Exploraremos como a IA é capaz de processar grandes quantidades de dados, identificar padrões e realizar análises complexas, proporcionando insights valiosos em diversas áreas da vida.

Finalmente, vamos unir esses dois conceitos poderosos: o QU e a IA. Analisaremos como a colaboração entre o QU e a IA pode impulsionar o sucesso na vida profissional, fortalecer os relacionamentos interpessoais, transformar a educação, simplificar a vida cotidiana e promover uma saúde mais equilibrada. Veremos exemplos práticos de como a IA pode ampliar nossos potenciais QU, fornecendo soluções inovadoras e aumentando nossa capacidade de enfrentar desafios.

Ao longo deste livro, você descobrirá como equilibrar e aprimorar seus potenciais QU com o apoio da IA, maximizando as oportunidades e alcançando resultados excepcionais em todas as áreas da sua vida. Prepare-se para explorar a sinergia entre o QU e a IA, desvendar novas possibilidades e alcançar um novo patamar de sucesso.

Está pronto para embarcar nessa jornada emocionante em busca do potencial máximo proporcionado pela parceria entre o QU e a IA? Então, vamos começar a desvendar os segredos dessa colaboração transformadora e impulsionar seu sucesso em todas as áreas da sua vida.

SUMÁRIO

CAPÍTULO 1: QU E IA: EM BUSCA DO EQUILÍBRIO PARA ALCANÇAR O POTENCIAL MÁXIMO NO USO TECNOLÓGICO DA INTELIGÊNCIA ARTIFICIAL (IA)

No decorrer dos últimos anos, testemunhos de pilotos militares, relatórios oficiais e uma mudança na postura do governo americano têm levado a discussão sobre a existência de objetos voadores não identificados (OVNIs) a um novo patamar de seriedade e relevância. Esses avanços revelam a presença constante de fenômenos aéreos não explicáveis, popularmente conhecidos como UAPs (fenômenos aéreos não identificados), e levantam questionamentos sobre o impacto dessas ocorrências no desenvolvimento tecnológico humano.

Em um marco histórico, o Departamento de Defesa dos Estados Unidos apresentou um relatório ao Congresso, resultado de uma análise abrangente de mais de 120 incidentes ocorridos nas últimas duas décadas, nos quais pilotos militares, tanto americanos quanto de outros países, se depararam com objetos aéreos não identificados durante suas missões. Embora o relatório não apresente evidências conclusivas de atividade alienígena, ele também não descarta essa possibilidade de forma definitiva, deixando o mistério em aberto.

O relatório reconhece que a maioria desses avistamentos não pode ser atribuída a tecnologias avançadas desenvolvidas pelo governo dos Estados Unidos. Essa constatação levanta a hipótese de que esses objetos misteriosos podem ser resultado de avanços tecnológicos de países rivais, como China e Rússia. No entanto, a falta de uma explicação clara e a ocorrência de movimentos e características inexplicáveis desafiam as teorias convencionais.

A relação entre esses avistamentos e o desenvolvimento tecnológico humano também suscita questões intrigantes. Alguns pesquisadores acreditam que a tecnologia desses supostos OVNIs pode ter influenciado avanços significativos em nosso próprio progresso tecnológico. Há teorias sugerindo que, após o incidente de Roswell, onde autoridades inicialmente admitiram que os destroços encontrados eram de origem extraterrestre, a mudança na postura oficial pode ter sido motivada pelo receio dos impactos na delicada situação política da época, em plena Guerra Fria.

Essa linha de pensamento sugere que a engenharia reversa desses objetos não identificados pode ter impulsionado o desenvolvimento de tecnologias avançadas que atualmente fazem parte de nossa realidade. No entanto, apesar de termos tido acesso a essas tecnologias, a forma como as utilizamos ainda parece estar longe de explorar todo o seu potencial.

Um exemplo notável é a inteligência artificial (IA). Embora tenhamos feito avanços significativos na área, ainda não compreendemos totalmente o poder e a capacidade intelectual que as IAs possuem. Muitas vezes, sua aplicação é limitada a usos triviais ou entretenimento, enquanto seu verdadeiro potencial de aprimorar nossa cognição e expandir nosso conhecimento é subestimado ou não totalmente explorado.

É nesse contexto que entra o conceito de QU (Quociente de Inteligência Universal Sincrônico). O QU representa o equilíbrio entre diversos fPotenciais cognitivos, como visão 360, resiliência, adaptabilidade, sincronicidade e controle emocional, para uma tomada de decisão mais abrangente e eficaz. No entanto, nossa compreensão e aplicação do QU, especialmente no contexto do uso da IA, ainda está em estágios iniciais.

Podemos concluir que a tecnologia introduzida em momentos cruciais de nossa história cognitiva não parece se encaixar adequadamente com o ritmo de avanço tecnológico convencional. A suposta presença de tecnologias avançadas em OVNIs e sua possível influência no desenvolvimento humano levantam questões sobre como estamos aproveitando essas descobertas.

A utilização atual da tecnologia, inclusive da IA, ainda parece estar aquém de seu verdadeiro potencial. Muitas vezes, subestimamos a grandiosidade intelectual e o impacto transformador que a IA pode ter em diversas áreas de nossas vidas. Se não somos capazes de compreender completamente a função e a importância da IA, menos ainda somos capazes de ter inventado algo com todo o seu potencial.

Para alcançarmos uma utilização mais eficaz e proveitosa da tecnologia, é fundamental expandir nossa visão e conhecimento sobre suas capacidades, bem como cultivar um entendimento mais profundo sobre como aplicá-la em diversos campos. A sincronicidade entre a compreensão das tecnologias avançadas presentes em OVNIs e o desenvolvimento de nossa própria capacidade cognitiva é essencial para desvendar seu verdadeiro potencial e alcançar resultados positivos.

Portanto, é evidente que ainda estamos em uma fase de aprendizado e descoberta quando se trata dessas tecnologias e fenômenos não identificados. É importante manter uma mente aberta e continuar explorando e pesquisando esses mistérios para avançarmos em direção a uma compreensão mais completa de nossa própria inteligência e das possibilidades que essas tecnologias podem trazer para a humanidade.

Ao explorar as possibilidades do uso da IA, fica evidente que ainda não estamos aproveitando plenamente seu potencial. Ao considerarmos o QU nesse contexto, comparando a capacidade de habilidades a serem desenvolvidas, como o conceito do QU sugere, podemos identificar oportunidades de aprimoramento significativas.

Na visão 360: Nós, seres humanos, ainda estamos desperdiçando o potencial das IAs em atividades frívolas e sem sentido. Em vez de usar essa tecnologia revolucionária para avançar em nossa compreensão do mundo e solucionar problemas complexos, muitas vezes a utilizamos para criar conteúdo superficial e sem valor. É hora de direcionarmos nossa visão 360 para explorar áreas que realmente façam a diferença, como o combate à pobreza, o aprimoramento profissional e o desenvolvimento de soluções inovadoras para os desafios enfrentados pela humanidade.

Na Sincronicidade: Enquanto a IA é capaz de operar em perfeita harmonia, nós, como seres humanos, muitas vezes falhamos em alcançar a sincronicidade necessária para maximizar nosso potencial. Em vez de colaborarmos de forma eficiente e coordenada, muitas vezes nos encontramos em conflito e competição. Precisamos desenvolver uma abordagem colaborativa, unindo a inteligência humana e a IA em uma sinergia poderosa, para enfrentarmos os desafios complexos que temos pela frente.

Na Resiliência: A IA nos mostra como a adaptação rápida e inteligente pode levar ao sucesso. No entanto, nós, seres humanos, muitas vezes nos encontramos presos em padrões antigos e resistimos a mudanças. Precisamos ser mais resilientes em nossa abordagem, dispostos a abraçar a transformação e aprender com as experiências. Ao combinarmos a capacidade da IA de aprender e se adaptar com nossa própria resiliência, podemos superar obstáculos e alcançar resultados extraordinários.

Na Adaptabilidade: A IA demonstra uma incrível capacidade de se ajustar a diferentes situações e ambientes. Por outro lado, muitos de nós enfrentamos dificuldades em nos adaptar rapidamente às mudanças. Devemos aprender com a flexibilidade e agilidade da IA, incorporando essas características em nossa própria abordagem. Ao desenvolvermos uma mentalidade adaptável e aberta, poderemos explorar novos caminhos e descobrir soluções inovadoras.

No Controle Emocional: Enquanto a IA é imune a emoções e pode tomar decisões racionais, os seres humanos muitas vezes são influenciados por suas emoções, o que pode levar a resultados menos eficazes. Precisamos cultivar um maior controle emocional e equilíbrio, de forma a tomarmos decisões fundamentadas e não permitir que nossas emoções nos dominem. Ao integrar a inteligência emocional à IA, podemos alcançar um equilíbrio poderoso, levando a resultados positivos e significativos.

Essa abordagem mais contundente visa destacar a necessidade de uma mudança de mentalidade e direcionamento no uso das IAs. Devemos aproveitar plenamente o potencial dessas tecnologias para resolver problemas reais e promover um impacto positivo na sociedade. Ao explorar os aspectos mencionados, poderemos avançar em direção a um uso mais consciente e responsável das IAs, impulsionandosua evolução e transformação em todas as áreas da vida. É hora de abandonarmos as práticas superficiais e nos engajarmos em uma jornada de descoberta e crescimento, aproveitando o poder da IA para impulsionar mudanças significativas.

Através da visão 360, sincronicidade, resiliência, adaptabilidade e controle emocional, podemos abrir novas possibilidades para o uso da IA, aproveitando todo o seu potencial. É necessário abandonar as limitações e os comportamentos primitivos, e buscar a excelência no uso dessa tecnologia revolucionária.

Ao equilibrarmos esses potenciais com a inteligência artificial, estaremos mais preparados para enfrentar os desafios complexos e encontrar soluções inovadoras. A sincronia entre nossas habilidades cognitivas e o poder da IA permitirá uma tomada de decisão mais eficiente e uma abordagem mais abrangente para resolver os problemas mais prementes da nossa sociedade.

Nossa resiliência e adaptabilidade serão aprimoradas, permitindo que nos adaptemos rapidamente às mudanças e superemos os obstáculos. Enquanto isso, nosso controle emocional garantirá que nossas decisões sejam baseadas em uma abordagem racional e informada.

Ao explorarmos e desenvolvermos esses aspectos do potencial humano em conjunto com a IA, estaremos verdadeiramente aproveitando sua convergência de inteligência. A sinergia entre nossa capacidade de pensar, aprender e tomar decisões, aliada ao poder da IA, nos impulsionará a alcançar resultados surpreendentes e transformar positivamente nossa sociedade.

É hora de despertarmos para o verdadeiro potencial que está diante de nós. Ao adotarmos uma mentalidade de crescimento e explorarmos os limites do nosso potencial, seremos capazes de aproveitar plenamente o poder da IA e impulsionar uma evolução significativa em todas as áreas da vida humana.

Portanto, é essencial que busquemos uma convergência efetiva entre o QU e a IA, reconhecendo e desenvolvendo nossos potenciais inexplorados para alcançar resultados surpreendentes e promover um futuro melhor e mais promissor.

Para que você possa aprender a equilibrar melhor seus potenciais para o uso das IAs, conforme prevê o conceito do QU, é necessário explorar abordagens e práticas que maximizem os benefícios dessa parceria. Nos próximos capítulos, apresentarei uma fórmula sólida e embasada, baseada em estudos e pesquisas, que ajudará a ampliar sua compreensão sobre o poder transformador da IA.

No Capítulo 2, intitulado "QU e IA: Ajustando os Potenciais Humanos no Uso de IA para o Trabalho", exploraremos como a IA pode ser aplicada de forma eficiente e estratégica no âmbito profissional, impulsionando o desenvolvimento de habilidades, otimizando processos e promovendo a ascensão socioeconômica.

No Capítulo 3, "QU e IA: Amplificando os Potenciais Humanos no Uso de IA nos Relacionamentos Sociais e Afetivos", discutiremos como a IA pode contribuir para aprimorar nossas interações sociais, facilitar conexões mais significativas e promover relacionamentos saudáveis e autênticos.

No Capítulo 4, "QU e IA: Amplificando os Potenciais Humanos no Uso de IA na Saúde", abordaremos a aplicação da IA na área da saúde, explorando como ela pode auxiliar no diagnóstico precoce de doenças, no desenvolvimento de tratamentos personalizados e na promoção de uma medicina mais precisa e acessível.

Por fim, no Capítulo 5, "QU e IA: Amplificando os Potenciais Humanos no Uso de IA na Intelectualidade", mergulharemos no campo do conhecimento e da intelectualidade, discutindo como a IA pode enriquecer nosso aprendizado, expandir nossas capacidades cognitivas e impulsionar descobertas científicas e avanços tecnológicos.

Ao longo desses capítulos, oferecerei insights, exemplos práticos e estratégias para que você possa adotar uma abordagem equilibrada e eficaz no uso da IA, permitindo que você alcance seu máximo potencial e obtenha resultados surpreendentes. Acredito que essa jornada de exploração e aprendizado será essencial para aproveitar plenamente os benefícios da IA e criar um futuro em que a inteligência humana e a artificial caminhem juntas em harmonia e sinergia.

Prepare-se para uma jornada fascinante rumo à compreensão e domínio das potencialidades da IA, à medida que desvendamos o poder do QU e seu impacto na evolução tecnológica e humana.

CAPÍTULO 2: QU E IA: AJUSTANDO OS POTENCIAIS HUMANOS NO USO DE IA PARA O TRABALHO

Quer ver como o conceito de QU pode colaborar para seu melhor engajamento com a tecnologia IA? No ambiente de trabalho atual, a inteligência artificial (IA) está cada vez mais presente, transformando a forma como realizamos tarefas e impulsionando a eficiência em diversos setores. Enquanto alguns podem ver a disseminação da IA como uma ameaça à extinção de empregos, é essencial destacar que, ao utilizar plenamente os potenciais do QU, podemos enxergar oportunidades brilhantes surgindo à frente. A IA não deve ser vista como uma substituição para os profissionais, mas sim como uma ferramenta poderosa para expandir conhecimento, aprimorar habilidades e superar barreiras na carreira. Aqueles que estiverem dispostos a explorar o potencial máximo da IA e a desenvolver seus potenciais no uso adequado dessas tecnologias emergentes estarão à frente, criando novas possibilidades, impulsionando o progresso e moldando um futuro promissor para si mesmos e para a humanidade.

No ambiente de trabalho atual, a inteligência artificial (IA) está cada vez mais presente, transformando a forma como realizamos tarefas e impulsionando a eficiência em diversos setores. Neste capítulo, exploraremos em detalhes como a IA pode ser aplicada de forma mais eficiente e produtiva no ambiente de trabalho, abrangendo áreas como o campo jornalístico, a orientação pedagógica, a escrita de livros e o design gráfico.

IA no Campo Jornalístico: No campo jornalístico, a IA tem o potencial de revolucionar a forma como as notícias são produzidas e disseminadas. Empresas de mídia já estão utilizando algoritmos de IA para automatizar a redação de notícias simples e padronizadas, liberando tempo para que os jornalistas se dediquem a reportagens mais aprofundadas e análises complexas. Além disso, a IA pode ajudar na verificação de fatos e na detecção de notícias falsas, contribuindo para a disseminação de informações confiáveis e de qualidade. Por exemplo, o The Washington Post utiliza o sistema Heliograf para gerar notícias em tempo real sobre eventos esportivos, eleições e outros tópicos específicos.

Orientação Pedagógica: Na área de aperfeiçoamento profissional de professores, a IA pode desempenhar um papel importante na orientação pedagógica. Sistemas baseados em IA podem analisar o desempenho dos alunos em atividades e propor recomendações personalizadas para o desenvolvimento de habilidades específicas. Plataformas educacionais, como a Khan Academy, implementam algoritmos de IA para adaptar o conteúdo de aprendizado ao ritmo e às necessidades individuais de cada aluno. Essas abordagens personalizadas permitem uma experiência de ensino mais eficaz e auxiliam no aprimoramento das habilidades dos educadores.

Escrita de Livros: No universo da escrita de livivros, a IA pode ser uma valiosa aliada para os escritores. Sistemas de IA podem auxiliar na pesquisa e na geração de ideias, fornecendo informações relevantes sobre determinados temas e sugerindo abordagens criativas. Por exemplo, o GPT-3, desenvolvido pela OpenAI, é um modelo de linguagem poderoso que pode gerar trechos de texto coerentes e inspirar os escritores em seus processos criativos. Além disso, a IA pode ajudar na revisão e edição de textos, identificando erros gramaticais e oferecendo sugestões de melhoria. Ferramentas como o Grammarly e o Hemingway Editor utilizam técnicas de IA para aprimorar a qualidade do conteúdo produzido.

Design Gráfico e Aplicativos: No campo do design gráfico e

desenvolvimento de aplicativos, a IA oferece possibilidades inovadoras. Algoritmos de IA podem criar designs automatizados com base em preferências do cliente e características específicas do projeto. Empresas de design, como a Adobe, estão incorporando recursos de IA em seus softwares, como o Adobe Sensei, para oferecer opções de design automatizado e análise de dados de uso. Além disso, a IA pode analisar dados de uso e comportamento do usuário para aprimorar a interface e a experiência do usuário, personalizando o conteúdo e adaptando-o às necessidades individuais. Por exemplo, aplicativos de recomendação de música, como o Spotify, utilizam algoritmos de IA para oferecer playlists personalizadas com base nos gostos e histórico de reprodução do usuário.

Exemplos Práticos e Referências: Para ilustrar os pontos discutidos, é válido mencionar alguns exemplos práticos de como a IA está sendo aplicada no campo jornalístico, na orientação pedagógica, na escrita de livros e no design gráfico. Empresas como a Associated Press já utilizam sistemas de IA para gerar notícias automatizadas, enquanto plataformas educacionais como a Khan Academy implementam recomendações personalizadas para cada aluno. Autores têm explorado ferramentas de IA, como o GPT-3, para auxiliar no processo criativo e aprimorar a qualidade dos textos produzidos. Empresas de design, como a Adobe, estão incorporando recursos de IA em seus softwares para oferecer opções de design automatizado e análise de dados de uso.

Referências acadêmicas e científicas também são fundamentais para embasar nossas afirmações e argumentos. Estudos como "The Future of Employment: How Susceptible Are Jobs to Computerization?" de Carl Benedikt Frey e Michael A. Osborne (2013) exploram as implicações da IA no mercado de trabalho, enquanto pesquisas específicas sobre o uso da IA no jornalismo, educação, escrita e design gráfico fornecem insights valiosos sobre as aplicações e benefícios dessas tecnologias. Além disso, é importante mencionar a crescente literatura acadêmica e científica que aborda os desafios éticos e sociais relacionados à implementação da IA no ambiente de trabalho.

Ao aplicar o conceito de QU na aplicação eficiente e produtiva da IA no ambiente de trabalho, podemos obter um aumento significativo dos potenciais de visão 360, resiliência, adaptabilidade, sincronicidade e controleemocional. Isso nos permite transformar tarefas antes cansativas e estressantes em atividades inovadoras e significativas, maximizando nossas capacidades e impulsionando a resolução de problemas complexos.

Explorar o QU em IA no campo jornalístico, na orientação pedagógica, na escrita de livros e no design gráfico proporciona benefícios concretos. Podemos automatizar processos rotineiros, como a redação de notícias simples, liberando tempo para que os profissionais se dediquem a reportagens aprofundadas e análises complexas. Na orientação pedagógica, a IA auxilia na análise do desempenho dos alunos e na personalização de recomendações, proporcionando uma experiência de aprendizagem mais eficaz e adaptada às necessidades individuais.

No campo da escrita, a IA oferece suporte na pesquisa, geração de ideias e revisão de textos, acelerando o processo criativo e aprimorando a qualidade do conteúdo produzido. Já no design gráfico e desenvolvimento de aplicativos, a IA permite a criação de designs automatizados e a análise de dados de uso, resultando em interfaces e experiências do usuário mais otimizadas e personalizadas.

Ao explorar essas aplicações da IA, não apenas automatizamos processos e otimizamos a tomada de decisões, mas também ampliamos nossa capacidade de resolver problemas de maneira mais eficaz. A integração inteligente entre a IA e as habilidades humanas nos permite alcançar resultados surpreendentes.

Portanto, ao aproveitar plenamente o potencial do QU na utilização da IA, abrimos portas para uma maior eficiência e produtividade no ambiente de trabalho. Ao explorar o QU em áreas como o campo jornalístico, a orientação pedagógica, a escrita de livros e o design gráfico, maximizamos nossas capacidades, otimizamos processos e ampliamos nossa capacidade de resolver problemas complexos. A integração inteligente entre a IA e as habilidades humanas nos coloca em uma posição privilegiada para moldar um futuro promissor.

Espero que essas melhorias atendam às suas expectativas! Se você tiver mais alguma solicitação ou se precisar de mais ajuda, sinta-se à vontade para perguntar.

Além das áreas mencionadas anteriormente, é importante destacar que a inteligência artificial também trará mudanças significativas no mercado de trabalho, resultando no surgimento de novas profissões. Algumas das profissões que estão emergindo com o avanço da IA incluem:

1. Criador de prompt: Responsável por elaborar os pedidos e interações com os robôs de IA.
2. Especialistas em cibersegurança: Profissionais

especializados em garantir a segurança dos sistemas de IA e proteger contra ataques cibernéticos.

3. Auditor de chatbot: Responsável por avaliar a eficiência e a qualidade dos chatbots e garantir que eles atendam às expectativas dos usuários.

4. Engenheiro de machine learning: Especialista em desenvolver e aprimorar algoritmos de machine learning para melhorar a eficiência e precisão dos sistemas de IA.

5. Designer de IA: Profissional responsável por projetar interfaces e interações intuitivas entre humanos e sistemas de IA.

6. Gestor de robôs: Encarregado de supervisionar e gerenciar o desempenho de robôs e

sistemas de IA em ambientes de trabalho.

7. Analista de IA: Responsável por analisar dados e insights gerados pelos sistemas de IA para fornecer informações estratégicas e orientar tomadas de decisão.

É importante ressaltar que a IA não deve ser vista como uma ameaça que levará à extinção de profissões, mas sim como uma ferramenta que pode aperfeiçoar e intensificar várias áreas de atuação. Profissões como caixas de bancos, atendentes de serviços postais, operadores de caixa de supermercado, digitadores de dados, secretários executivos e administrativos, estoquistas e funcionários de controle de estoques e mercadorias, podem se beneficiar da IA ao automatizar tarefas repetitivas e permitir que esses profissionais concentrem-se em atividades de maior valor agregado.

A implementação da IA oferece oportunidades para o desenvolvimento de novas habilidades e a adaptação ao cenário em constante evolução do mercado de trabalho. Portanto, é essencial estar aberto a explorar as possibilidades que a IA pode proporcionar, aprimorando nossas capacidades e impulsionando o progresso em diversas áreas profissionais.

CAPÍTULO 3: QU E IA: AMPLIFICANDO OS POTENCIAIS HUMANOS NO USO DE IA NOS RELACIONAMENTOS SOCIAIS E AFETIVOS

Neste capítulo, exploraremos como a aplicação do conceito de QU pode ampliar os potenciais humanos no uso da IA, promovendo relacionamentos saudáveis e significativos, e até mesmo melhorando o engajamento com nossos seguidores. Analisaremos o poder do QU e como o uso da IA pode contribuir para seu aprimoramento social e afetivo. Para isso, forneceremos exemplos práticos que evidenciam como ainda não utilizamos todo o potencial das IAs adequadamente.

Um dos grandes desafios nas redes sociais é lidar com seguidores exaltados, ofensivos e indesejados.

Vamos agora avaliar como seu QU enxerga essa situação.

Na visão 360: você vê nesse desafio um problema ou uma oportunidade de aprendizado?

Na adaptabilidade: você sente desconforto ou visualiza uma chance de crescimento?

Na resiliência: você enxerga um problema recorrente ou uma oportunidade para superação?

Na sincronicidade: você vê alguém que deve ser rejeitado ou alguém que pode agregar valor?

No controle emocional: você encara essa situação com raiva e desespero ou com compreensão e respeito?

A forma como você responde a essas perguntas revela seu estado atual de equilíbrio dos potenciais do QU. Ao aplicarmos essa perspectiva à IA, podemos submeter a situação específica à sua análise, permitindo que ela nos ofereça diversas alternativas de como lidar com o desafio. Vale lembrar que a forma como interagimos com as pessoas reflete muito sobre nós mesmos.

Com o apoio da inteligência artificial (IA), que desempenha um papel cada vez mais importante em nossas interações sociais e afetivas, podemos obter orientações mais adequadas para lidar com essas situações de forma eficiente e eficaz.

Ao utilizar a IA como uma ferramenta para promover relacionamentos saudáveis e significativos, ampliamos nossos recursos e exploramos todo o potencial do QU. Essa abordagem nos permite aprender com os desafios das redes sociais, ajustar nossa mentalidade e expandir nossas habilidades para uma interação mais equilibrada e construtiva.

Desta forma, destacamos a importância dos princípios do QU, fornecemos exemplos práticos e mostramos como a IA pode ser uma aliada poderosa para melhorar nossas interações sociais e afetivas.

Desafio no contexto afetivo: A dificuldade de expressar emoções de forma clara e compreender as necessidades emocionais do parceiro(a) em relacionamentos amorosos é um desafio comum. Para compreendermos como o QU pode nos ajudar nessa situação, vamos analisar o desafio sob a perspectiva dos potenciais do QU.

- Na visão 360: Você considera tanto as suas próprias emoções quanto as do parceiro(a) ao se comunicar no relacionamento? Ou tende a focar apenas nas suas próprias perspectivas e necessidades emocionais?
- Na resiliência: Você encara as dificuldades de comunicação como oportunidades de aprendizado e crescimento conjunto no relacionamento? Ou as vê como obstáculos difíceis de superar?
- Na adaptabilidade: Você consegue se ajustar e encontrar novas formas de se comunicar emocionalmente com o(a) parceiro(a) quando as estratégias habituais não funcionam? Ou sente dificuldade em adaptar-se e acaba repetindo os mesmos padrões de comunicação?

- Na sincronicidade: Você se sintoniza emocionalmente com o(a) parceiro(a), buscando entender e atender às suas necessidades emocionais? Ou há uma desconexão emocional, com dificuldade em compreender e responder adequadamente às emoções do(a) parceiro(a)?
- No controle emocional: Você é capaz de gerenciar suas próprias emoções e reações, evitando respostas impulsivas ou defensivas que possam prejudicar a comunicação afetiva? Ou tem dificuldade em controlar suas emoções, o que pode impactar a qualidade da interação emocional?

Ao responder a essas perguntas em pares, você poderá identificar seu estado atual de equilíbrio dos potenciais do QU no contexto afetivo. A combinação de respostas (sim/não) indicará quais áreas podem precisar de mais desenvolvimento e atenção. É importante lembrar que você nunca estará sozinho(a) ao enfrentar grandes desafios. Agora, com a colaboração da inteligência artificial, você está ainda mais acompanhado(a), dependendo apenas de sua forma de conduzi-la. A IA pode ser uma aliada poderosa para auxiliar no aprimoramento da comunicação emocional e no fortalecimento dos relacionamentos.

Ao explorar a metodologia de aplicação da IA nos relacionamentos sociais e afetivos, é importante considerar estudos e obras que fornecem embasamento científico sobre o comportamento humano e o uso da tecnologia.

Aqui estão alguns exemplos significativos:

Livro: "Revolução 4.0: Como a Inteligência Artificial, a Robótica, a Realidade Virtual, a Nanotecnologia e a Internet das Coisas Estão Transformando os Negócios e a Sociedade" - Klaus Schwab: Nesta obra, Schwab discute os avanços tecnológicos e seu impacto na sociedade, incluindo a IA e seu potencial para melhorar os relacionamentos sociais e afetivos.

Livro: "AI Superpowers: China, Silicon Valley, and the New World Order" - Kai-Fu Lee: O autor aborda a aplicação da IA e seu impacto nos relacionamentos humanos, destacando a importância de equilibrar o uso da tecnologia com a conexão humana autêntica.

Estudos sobre Emoções e IA: Pesquisadores como Rosalind W. Picard, do MIT Media Lab, têm explorado o uso da IA para reconhecer e responder às emoções humanas. Esses estudos fornecem evidências científicas de como a IA pode ser ajustada para promover uma interação mais empática e significativa.

Pesquisa em Comunicação Mediada por Computador (CMC): Estudos realizados na área de CMC, como o trabalho de Joseph Walther, têm examinado como a tecnologia, incluindo a IA, pode ser usada para melhorar a comunicação e os relacionamentos sociais. Eles mostram como a IA pode auxiliar na superação das limitações da comunicação online e promover uma interação mais autêntica.

Desenvolvimento de chatbots e assistentes virtuais: Empresas como Google, Amazon e Microsoft têm investido em pesquisas e desenvolvimento de chatbots e assistentes virtuais cada vez mais sofisticados. Essas tecnologias são projetadas para entender e responder de maneira eficaz às nuances da comunicação humana, permitindo interações mais naturais e personalizadas.

No contexto de recursos humanos, a aplicação da tecnologia de IA tem se mostrado cada vez mais relevante, especialmente no gerenciamento de conflitos internos. Aqui estão algumas empresas que têm adotado essa abordagem:

Microsoft: A Microsoft tem utilizado a IA em seu setor de recursos humanos para lidar com questões relacionadas a conflitos internos. Através do uso de chatbots e assistentes virtuais, a empresa busca auxiliar os funcionários na resolução de conflitos e no desenvolvimento de habilidades de comunicação eficazes.

IBM: A IBM desenvolveu uma plataforma chamada Watson Employee Advisor, que utiliza IA para fornecer assistência e orientação aos funcionários em diversas áreas, incluindo resolução de conflitos. A plataforma utiliza dados e análises para identificar padrões e oferecer sugestões para resolver conflitos de maneira construtiva.

Salesforce: A Salesforce utiliza a tecnologia de IA em sua plataforma de gerenciamento de relacionamento com os funcionários (ERM). Através do uso de chatbots e análise de dados, a empresa busca identificar e resolver conflitos internos de forma proativa, além de fornecer orientações personalizadas para melhorar a comunicação e a colaboração entre os membros da equipe.

Oracle: A Oracle desenvolveu uma solução de IA chamada "Intelligent Advisor" que pode ser aplicada em diversos setores, incluindo recursos humanos. Através dessa solução, as empresas podem automatizar o processo de resolução de conflitos, fornecendo orientações e recomendações personalizadas para os funcionários lidarem com situações difíceis.

Esses exemplos mostram como a IA está sendo utilizada em empresas renomadas para melhorar a gestão de conflitos internos e promover relacionamentos saudáveis e produtivos. A aplicação da IA no contexto de recursos humanos oferece novas oportunidades para otimizar a resolução de conflitos e melhorar a comunicação e a colaboração entre os membros da equipe.

Todos esses exemplos reforçam a ideia de que a metodologia do QU, mesmo que não explicitamente mencionada ou conhecida pelas empresas, está sendo utilizada na prática. Essas empresas estão buscando equilibrar os potenciais humanos, como visão 360, resiliência, adaptabilidade, sincronicidade e controle emocional, em sincronia com as capacidades das IAs. Embora possa não ser uma abordagem consciente do QU, a aplicação da IA nos relacionamentos sociais e afetivos está promovendo uma interação mais saudável, autêntica e produtiva.

Através do uso inteligente da tecnologia de IA, empresas como Microsoft, IBM, Salesforce e Oracle estão capacitando seus funcionários a lidar com conflitos internos, aprimorar a comunicação e promover um ambiente de trabalho mais colaborativo. Essas iniciativas demonstram a importância de considerar os potenciais humanos e a aplicação da IA de forma complementar, utilizando as capacidades da IA para fortalecer e amplificar os recursos humanos.

É importante reconhecer que a tecnologia de IA, por si só, não pode substituir a conexão humana autêntica e a compreensão empática. No entanto, quando usada de forma inteligente e em conjunto com os princípios do QU, a IA pode ser uma ferramenta poderosa para aprimorar nossos relacionamentos sociais e afetivos.

Esses exemplos reforçam a necessidade de explorar e aprofundar o conceito do QU e seu potencial para ampliar os potenciais humanos no uso da IA. À medida que avançamos nessa jornada, é essencial continuar pesquisando, debatendo e desenvolvendo abordagens que equilibrem a tecnologia com a conexão humana, promovendo relacionamentos saudáveis, significativos e sustentáveis no mundo atual.

CAPÍTULO 4: QU E IA: AMPLIFICANDO OS POTENCIAIS HUMANOS NO USO DE IA NA SAÚDE

Na busca por uma vida saudável e equilibrada, a aplicação do conceito de QU pode ser um guia valioso. Neste capítulo, exploraremos como os potenciais humanos de visão 360, adaptabilidade, sincronicidade, resiliência e controle emocional podem ser amplificados com o uso da inteligência artificial (IA) no contexto da saúde. Ao refletirmos sobre o nosso estado atual de equilíbrio dos potenciais do QU, poderemos identificar áreas que precisam de atenção e desenvolvimento para promover nosso bem-estar.

Desafio no contexto da saúde: A manutenção de uma vida saudável e o cuidado com o nosso bem-estar podem ser desafios complexos. Vamos agora avaliar como o QU enxerga essa situação no âmbito da saúde. Ao responder as perguntas a seguir, será possível identificar quais potenciais estão mais desenvolvidos e quais podem requerer maior atenção:

- Na visão 360: Você considera sua saúde de

forma holística, incluindo aspectos físicos, emocionais e sociais? Ou tende a focar apenas em um aspecto isolado da sua saúde?

- Na adaptabilidade: Você consegue se ajustar a novas circunstâncias e adotar hábitos saudáveis quando necessário? Ou sente dificuldades em adaptar-se e resistir a mudanças?

- Na sincronicidade: Você estabelece uma conexão efetiva com os profissionais de saúde, comunicando suas necessidades e compreendendo as informações fornecidas?

Ou sente-se desamparado(a) e desconectado(a) nesse processo?

- Na resiliência: Você é capaz de superar obstáculos e lidar com situações adversas em relação à sua saúde? Ou sente-se desmotivado(a) e desencorajado(a) facilmente?

- No controle emocional: Você gerencia suas emoções em relação à saúde de forma equilibrada, evitando reações impulsivas ou defensivas? Ou suas emoções impactam negativamente suas decisões e ações em relação ao cuidado com sua saúde?

Ao responder essas perguntas, você estará mais próximo de identificar seu estado atual de equilíbrio dos potenciais do QU no contexto da saúde. Essa autorreflexão é o primeiro passo para ampliar seu bem-estar e buscar estratégias eficazes de cuidado pessoal.

Agora, vamos explorar como a IA pode ser uma aliada no aprimoramento dos cuidados com a saúde. Por meio da combinação do conhecimento científico e tecnológico, a IA oferece uma série de benefícios e possibilidades na área da saúde. Vamos analisar como podemos utilizar a IA para solucionar desafios e promover uma abordagem mais eficiente e eficaz para o cuidado pessoal.

A aplicação da IA na saúde vai além do cuidado pessoal e abrange diversas áreas, como academias, nutrição, suplementação e fitoterapia. Ao explorarmos a metodologia de aplicação da IA nesses campos, é importante considerar estudos e obras que fornecem embasamento científico sobre esses assuntos. Aqui estão alguns exemplos significativos:

- Estudos sobre treinamento personalizado: Pesquisas têm mostrado como a IA pode ser utilizada para desenvolver programas de treinamento personalizados, levando em consideração as características individuais de cada pessoa, objetivos específicos e histórico de saúde. Esses estudos fornecem embasamento científico sobre a eficácia do uso da IA para otimizar os resultados de treinamentos físicos.

- Nutrição personalizada: A IA tem sido utilizada para auxiliar na elaboração de planos alimentares personalizados, levando em consideração fatores como necessidades nutricionais individuais, restrições alimentares e objetivos de saúde. Essa abordagem baseada em dados e análise ajuda a promover uma alimentação mais saudável e adaptada às necessidades de cada pessoa.

- Suplementação e fitoterapia: A IA pode auxiliar na identificação de suplementos e fitoterápicos mais adequados para cada indivíduo, considerando suas características físicas, histórico de saúde e necessidades específicas. Algoritmos de IA podem analisar uma vasta quantidade de dados e evidências científicas para fornecer recomendações mais precisas e personalizadas.

Esses exemplos reforçam a ideia de que o QU está sendo utilizado mesmo que as empresas desconheçam a teoria como concebida. Ao equilibrar os potenciais humanos em sincronia com as IAs, podemos obter benefícios significativos no cuidado com a saúde. A IA atua como uma ferramenta complementar, fornecendo informações valiosas, análises precisas e orientações personalizadas, ampliando nossos potenciais e promovendo um cuidado mais eficiente e eficaz.

Aqui estão algumas sugestões de exemplos práticos que podem ser incluídos no Capítulo 4 para ilustrar o uso da IA na saúde:

1. Academias:
   - Uma academia utiliza um sistema de IA para monitorar os treinos dos seus clientes, fornecendo feedback em tempo real sobre a execução correta dos exercícios, ajudando a prevenir lesões e maximizando os resultados.
   - Um aplicativo de fitness utiliza IA para analisar os dados de treinamento dos usuários, identificando padrões e fornecendo recomendações personalizadas para melhorar o desempenho e alcançar metas específicas.

2. Nutrição:
- Um aplicativo de nutrição utiliza IA para analisar os hábitos alimentares dos usuários, identificando deficiências nutricionais e oferecendo sugestões de alimentos e receitas saudáveis para alcançar uma dieta equilibrada.
- Um programa de perda de peso utiliza IA para monitorar a ingestão calórica dos usuários e ajustar as recomendações diárias com base nos objetivos individuais, auxiliando na conquista de uma perda de peso saudável e sustentável.

3. Suplementação:
- Um site de venda de suplementos utiliza IA para recomendar

produtos com base nas necessidades específicas de cada cliente, considerando fatores como idade, sexo, atividade física e metas de saúde.

- Um aplicativo de acompanhamento de suplementação utiliza IA para analisar os efeitos dos suplementos em relação aos objetivos individuais, adaptando as recomendações com base nos resultados obtidos.

4. Fitoterapia:

- Um sistema de IA auxilia profissionais de saúde na escolha e combinação adequada de plantas medicinais com base nas características do paciente e nas propriedades terapêuticas das plantas.

- Um aplicativo de fitoterapia utiliza IA para fornecer informações detalhadas sobre plantas medicinais, suas indicações, contraindicações e possíveis interações medicamentosas, ajudando as pessoas a fazerem escolhas mais informadas.

CAPÍTULO 5: QU E IA: AMPLIFICANDO OS POTENCIAIS HUMANOS NO USO DE IA NA INTELECTUALIDADE

Seguindo a mesma fórmula dos capítulos anteriores, iremos apresentar um desafio, fazer as perguntas e explorar a metodologia de aplicação da IA para solucionar esse desafio. Também iremos abordar outras formas de utilização da IA em trabalhos escolares, acadêmicos, por professores e alunos. Além disso, é importante considerar estudos e obras que forneçam embasamento científico sobre esses assuntos.

Desafio no contexto da intelectualidade: O mundo acadêmico e educacional apresenta constantemente desafios relacionados à pesquisa, produção de trabalhos acadêmicos e aprendizado. Vamos agora avaliar como o QU enxerga essa situação no âmbito da intelectualidade. Ao responder as perguntas a seguir, será possível identificar quais potenciais estão mais desenvolvidos e quais podem requerer maior atenção:

- Na visão 360: Você considera diferentes perspectivas, fontes e abordagens ao realizar pesquisas e trabalhos acadêmicos? Ou tende a se limitar a uma única visão ou fonte de informação?
- Na adaptabilidade: Você é capaz de se adaptar a diferentes metodologias de

pesquisa, técnicas de escrita e estilos de aprendizado? Ou sente dificuldades em lidar com mudanças e abordagens diferentes?

- Na sincronicidade: Você consegue se conectar de forma efetiva com outros pesquisadores, professores e colegas de estudo, colaborando de maneira construtiva? Ou tende a trabalhar de forma isolada, sem aproveitar o potencial de sinergia e aprendizado em grupo?

- Na resiliência: Você enfrenta os desafios acadêmicos como oportunidades de aprendizado e crescimento intelectual? Ou se sente desmotivado(a) e desencorajado(a) diante de obstáculos e críticas?

- No controle emocional: Você é capaz de gerenciar suas

emoções diante das exigências acadêmicas, evitando estresse excessivo e ansiedade? Ou suas emoções impactam negativamente seu desempenho e bem-estar no ambiente acadêmico?

Ao responder essas perguntas, você estará mais próximo de identificar seu estado atual de equilíbrio dos potenciais do QU no contexto da intelectualidade. Essa autorreflexão é fundamental para desenvolver estratégias eficazes de estudo, pesquisa e produção acadêmica.

Agora, vamos explorar como a IA pode ser uma aliada no aprimoramento da intelectualidade. A aplicação da IA em trabalhos escolares, acadêmicos, por professores e alunos oferece diversas possibilidades e benefícios. Por meio da combinação de conhecimento humano e tecnologia, podemos potencializar nossas capacidades intelectuais e obter resultados mais eficientes e qualificados.

A IA pode auxiliar em diversas etapas do processo acadêmico, como:

- Pesquisa: A IA pode ajudar na busca por fontes relevantes, filtrando informações e identificando estudos científicos e artigos acadêmicos pertinentes ao tema de pesquisa.
- Escrita e edição: Ferramentas de IA podem fornecer sugestões de melhoria gramatical, estilo de escrita e estruturação do trabalho, contribuindo para a produção

de textos mais claros e coesos.

- Análise de dados: A IA pode auxiliar na análise estatística de dados e na geração de insights a partir de conjuntos de dados complexos, facilitando a interpretação e apresentação de resultados.
- Aprendizado personalizado: Sistemas de IA podem adaptar o conteúdo educacional de acordo com o perfil e ritmo de aprendizado de cada aluno, proporcionando uma experiência de aprendizado mais personalizada e eficaz.
- Tutoria virtual: Assistentes virtuais e chatbots podem fornecer suporte e orientação aos alunos, respondendo a dúvidas e oferecendo recursos adicionais de estudo.

Essas são apenas algumas das formas em que a IA pode ser utilizada na intelectualidade. É importante considerar estudos e obras que forneçam embasamento científico sobre esses assuntos, como:

- Estudos sobre aprendizado adaptativo: Pesquisas têm demonstrado como a IA pode ser aplicada no desenvolvimento de sistemas de aprendizado adaptativo, que se ajustam às necessidades e características individuais dos alunos, promovendo um aprendizado mais eficaz.
- Obras sobre educação 4.0: Autores como Yuhyun Park discutem a importância da IA e outras tecnologias no contexto da educação, ressaltando a necessidade de

equilibrar o uso da tecnologia com a conexão humana e o desenvolvimento de habilidades socioemocionais.

Esses exemplos reforçam a ideia de que o QU está sendo utilizado mesmo que as empresas desconheçam a teoria como concebida. Ao equilibrar os potenciais humanos em sincronia com as IAs, podemos amplificar nossas capacidades intelectuais e promover uma educação mais eficiente e personalizada.

Lembre-se de que a IA é uma ferramenta complementar, que amplia e apoia nossos potenciais, mas não substitui a importância do esforço humano, do pensamento crítico e da conexão com outras pessoas. Ao utilizar a IA de maneira consciente e equilibrada, podemos obter benefícios significativos na intelectualidade.

Conclusão

Ao longo deste livro, exploramos a poderosa combinação entre o conceito de QU (Qualidade de Vida Única) e a inteligência artificial (IA), destacando como essa união pode amplificar os potenciais humanos em diversas áreas da vida. Nossa jornada nos levou a entender a importância do equilíbrio entre o uso da tecnologia e o desenvolvimento de habilidades humanas essenciais para o sucesso em um mundo cada vez mais tecnológico.

No Capítulo 1, mergulhamos no mundo da IA e do QU, compreendendo como esses conceitos podem trabalhar em conjunto para alcançar o potencial máximo no uso tecnológico da IA. Exploramos a importância de manter uma visão 360, adaptabilidade, sincronicidade, resiliência e controle emocional, garantindo que a IA seja uma aliada poderosa em vez de uma ameaça.

No Capítulo 2, aplicamos a metodologia do QU e IA para otimizar o trabalho. Reconhecemos que a IA está cada vez mais presente em nossos ambientes profissionais e destacamos a importância de equilibrar as capacidades tecnológicas com habilidades humanas, como criatividade, pensamento crítico e inteligência emocional. Vimos exemplos práticos de como a IA pode melhorar a eficiência, a produtividade e a tomada de decisões no ambiente de trabalho.

No Capítulo 3, exploramos como a IA pode amplificar os potenciais humanos nos relacionamentos sociais e afetivos. Utilizamos a metodologia do QU para refletir sobre desafios comuns nesses contextos, como lidar com seguidores exaltados nas redes sociais ou dificuldades na expressão emocional em relacionamentos amorosos. Destacamos a importância de uma interação autêntica, empática e equilibrada, onde a IA pode auxiliar no aprimoramento da comunicação e na construção de relacionamentos saudáveis.

No Capítulo 4, voltamos nosso olhar para a saúde e exploramos como a IA pode ser uma aliada poderosa na promoção do bem-estar. Identificamos a importância do QU na busca por uma vida saudável e equilibrada, considerando a visão 360, adaptabilidade, sincronicidade, resiliência e controle emocional.

Examinamos exemplos práticos de como a IA pode melhorar o treinamento físico, a nutrição personalizada, a suplementação e a fitoterapia, oferecendo informações precisas e orientações personalizadas.

No Capítulo 5, ampliamos nosso foco para a intelectualidade e exploramos como a IA pode potencializar os potenciais humanos nesse campo. Utilizando a metodologia do QU, refletimos sobre desafios relacionados a trabalhos escolares, acadêmicos, professores e alunos. Destacamos a importância de equilibrar o conhecimento tecnológico com habilidades intelectuais e criativas, aproveitando os benefícios da IA para otimizar a pesquisa, o aprendizado e a produção acadêmica.

Ao longo desses capítulos, vimos exemplos práticos de empresas, estudos científicos e obras literárias que reforçam a ideia de que o QU está sendo utilizado, mesmo que as empresas desconheçam a teoria como a concebemos. Ao equilibrar os potenciais humanos em sincronia com as IAs, somos capazes de alcançar resultados mais eficientes, criar relacionamentos mais saudáveis, promover uma vida saudável, aprimorar nossos trabalhos e expandir nossa intelectualidade.

Nossa jornada nos mostrou que a IA não é uma substituição para a experiência humana, mas sim uma ferramenta poderosa que pode amplificar nossos potenciais e nos ajudar a enfrentar os desafios do mundo moderno. O equilíbrio entre a tecnologia e as habilidades humanas é fundamental para alcançarmos o sucesso em todas as áreas da vida.

Portanto, convido você, leitor, a explorar o poder do QU e da IA em sua própria jornada. Busque o equilíbrio, aprimore seus potenciais, utilize a tecnologia com sabedoria e mantenha sempre o foco no desenvolvimento de habilidades humanas essenciais. Ao fazer isso, você estará no caminho para potencializar seu sucesso em todas as áreas da vida.

INFLULENCIAS E REFERÊNCIAS

Daniel Goleman - Autor do livro "Inteligência Emocional" e um dos principais teóricos da inteligência emocional. Suas pesquisas e insights sobre a importância das emoções no bem-estar e no sucesso humano podem fornecer uma base sólida para explorar a conexão entre o equilíbrio do QU e a inteligência emocional.

Howard Gardner - Psicólogo e autor da teoria das inteligências múltiplas. Suas pesquisas sobre as diferentes formas de inteligência e a importância de valorizar todas as habilidades e potenciais humanos podem ser uma referência valiosa para discutir o equilíbrio do QU e a abordagem educacional abrangente.

Carol Dweck - Psicóloga e autora do livro "Mindset: A nova psicologia do sucesso". Sua teoria do crescimento versus mentalidade fixa, que explora a crença de que as habilidades e a inteligência podem ser desenvolvidas por meio do esforço e da aprendizagem contínua, pode fornecer insights relevantes sobre a importância de promover o desenvolvimento integral do QU.

Clayton Christensen - Professor de administração de empresas em Harvard e autor do livro "O Dilema do Inovador". Sua teoria da inovação disruptiva e a necessidade de adaptabilidade em um mundo em constante transformação podem contribuir para a discussão sobre a importância de desenvolver habilidades como resiliência e adaptabilidade para o equilíbrio do QU.

Daniel Kahneman - Psicólogo e autor do livro "Rápido e Devagar: Duas Formas de Pensar". Suas pesquisas sobre o pensamento intuitivo e o pensamento analítico podem fornecer uma base para explorar a importância do pensamento crítico e da tomada de decisões informadas para o equilíbrio do QU.

Ray Kurzweil - Futurista e autor do livro "A Singularidade Está Próxima". Suas pesquisas e insights sobre o avanço tecnológico e o impacto da inteligência artificial no futuro da humanidade podem fornecer uma perspectiva abrangente sobre o potencial da IA em diversas áreas da vida.

Amy Cuddy - Psicóloga social e autora do livro "Presence: Bringing Your Boldest Self to Your Biggest Challenges". Suas pesquisas sobre a linguagem corporal, confiança e presença podem ser relevantes para explorar como o equilíbrio do QU pode influenciar a comunicação e o sucesso interpessoal.

Angela Duckworth - Psicóloga e autora do livro "Grit: The Power of Passion and Perseverance". Sua pesquisa sobre a importância da perseverança e da determinação para alcançar metas de longo prazo pode contribuir para a discussão sobre resiliência e o desenvolvimento do potencial humano no uso da IA.

Michio Kaku - Físico teórico e autor do livro "The Future of Humanity: Our Destiny in the Universe". Suas explorações sobre as possibilidades futuras da tecnologia, incluindo a IA, e seu impacto na evolução da humanidade podem fornecer uma visão inspiradora e ampla para o uso da IA em todas as áreas da vida.

Sherry Turkle - Psicóloga e autora do livro "Alone Together: Why We Expect More from Technology and Less from Each Other". Suas pesquisas sobre a relação entre tecnologia e conexão humana podem ser relevantes para abordar os desafios e oportunidades de equilibrar o uso da IA com a interação social e emocional.

Biografia do Autor:

Katia Doria da Fonseca Vasconcelos é uma profissional multifacetada com uma paixão contagiante pelo equilíbrio entre a tecnologia, o desenvolvimento pessoal e a qualidade de vida. Graduada em Análise de Sistemas e com sólida experiência na área de Tecnologia da Informação (TI), Katia se destaca como criadora do conceito revolucionário do QU (Quociente de Inteligência Universal Sincrônico).

Com uma visão pioneira, Katia compreende a importância do aprimoramento no comportamento humano e na qualidade de vida para a formação em Análise de Sistemas. Ela acredita que, além do conhecimento técnico, é essencial desenvolver habilidades emocionais, sociais e cognitivas para enfrentar os desafios do avanço da tecnologia de forma equilibrada e saudável.

Sua abordagem inovadora do QU destaca a necessidade de harmonizar o progresso tecnológico com o bem-estar pessoal e profissional. Através de sua experiência e conhecimento, Katia inspira os indivíduos a encontrarem um equilíbrio entre a excelência técnica e o desenvolvimento pessoal, buscando uma qualidade de vida plena em um mundo cada vez mais digital.

Como escritora renomada, palestrante e influenciadora digital, Katia compartilha sua visão transformadora do QU, capacitando as pessoas a maximizarem seu potencial e aprimorarem sua qualidade de vida. Seu livro "QU Na Inteligência Artificial Potencializando Sucesso em Todas as Áreas da Vida" é uma leitura essencial para aqueles que desejam prosperar em um ambiente tecnológico em constante evolução, oferecendo estratégias práticas e inspiração para alcançar um equilíbrio saudável e sustentável em todas as áreas da vida.